具たっぷりの
おかずみそ汁

はじめに

　和食のなかでも、とてもなじみ深いみそ汁。つくり方も、具材を切る、煮る、みそを溶くと、とてもシンプルで、「わが家の味」とも呼べる、みそ汁の定番具材があることも少なくありません。
　しかし、それゆえにワンパターンになってしまい、アレンジしたいと思っても、なかなかアイディアが出てこなかったりするもの。また、みそ汁をせっかくつくっても、具の量によっては、食べても意外と物足りなかったなと思うこともあるでしょう。
　本書では、ひとつつくればそのままおかずになるような具だくさんみそ汁を、野菜や肉、魚などの食材別に多数紹介。食べごたえも十分な、おなかも心もほっと落ち着くみそ汁で、日々の食卓のバリエーションがきっと広がります。

CONTENTS

- 2 はじめに

みそ別！ 味の違いとベストな一杯

- 7 キャベツと油揚げのみそ汁
- 8 かいわれ菜と豆腐のたらこみそ汁
- 9 たっぷりピーマンと炒り卵のみそ汁
- 10 かぼちゃとベーコンのみそ汁
- 11 しじみとなめこの赤だし

❊ 第1章 ❊ 野菜が主役のおかずみそ汁

- 12 かぶとベーコンのみそ汁
- 16 根菜の酒粕みそ汁
- 20 ほくほくじゃがいものチーズみそ汁
- 23 せん切りじゃがいもとわかめのみそ汁
- 24 モロヘイヤと揚げ玉のみそ汁
- 25 大和いものおとしみそ汁
- 26 さつまいもとれんこんのごまみそ汁
- 27 すりおろしにんじんとニラのみそ汁
- 28 大豆もやしとアスパラのピリ辛みそ汁
- 29 白菜と豚こまのみそ汁
- 14 なすとゴーヤーと長いもの赤だし
- 18 野菜炒めのバターみそ汁
- 22 玉ねぎとかぼちゃのみそ汁

❊ 第2章 ❊ きのこが主役のおかずみそ汁

- 30 まいたけごぼうの肉団子みそ汁
- 34 きのこのそば粉すいとん汁
- 38 しいたけと里いものみそ汁
- 39 えのきとキムチの半熟卵みそ汁
- 40 きのこと砂肝のおろしみそ汁
- 41 しいたけと豚こまのザーサイみそ汁
- 42 炒めきのことソーセージのみそ汁
- 43 マッシュルームとほうれん草のみそ汁
- 32 なめこピーマンの焼きみそ汁
- 36 きくらげのサンラータン風みそ汁

 夏にうれしい冷たいみそ汁 44

さば缶の冷汁／ひよこ豆入りかぼちゃみそポタージュ／蒸し鶏ときゅうりの香味みそ汁／
すりおろしトマトとツナのみそ汁／なすとミニトマトのみそ汁

第3章 卵・豆・豆製品が主役のおかずみそ汁

- 46 高野豆腐の麻婆みそ汁
- 50 めかぶとレタスのおとし卵みそ汁
- 52 きざみ三つ葉の梅納豆みそ汁
- 54 アスパラガスの目玉焼きみそ汁
- 56 くずし豆腐ののりみそ汁
- 57 グリンピースとうずら卵の
　　おろしじゃがいもみそ汁
- 58 豆腐と豆乳のみそ汁
- 59 しし唐の煮卵みそ汁
- 48 油揚げの巾着みそ汁
- 51 厚揚げと小松菜のしょうがみそ汁
- 53 かきたまゴーヤー汁
- 55 中華風コーンみそ汁

Column 02　ササッとつくれる朝の3分みそ汁　60

ちぎりキャベツとコンビーフのみそ汁／さつま揚げと冷凍ほうれん草のみそ汁／漬物とちぎりがんものみそ汁／にんじんとズッキーニのピーラーみそ汁／サラダ菜と桜えびの注ぐだけみそ汁

第4章 魚介が主役のおかずみそ汁

- 62 さけと根菜の甘酒みそ汁
- 66 さば団子のゆずこしょうみそ汁
- 70 さばとねぎの香味みそ汁
- 72 ぶりときざみ小松菜のごまみそ汁
- 73 たいの刺身とクレソンのみそ汁
- 74 たらと焼きねぎの黒酢みそ汁
- 75 まぐろと三つ葉のみそ汁
- 76 えびとかいわれ菜のみそ汁
- 77 かきと春菊のみそ汁
- 64 刺身のすり流し
- 68 たいと大根のゆず風味みそ汁
- 71 あさりと夏野菜のみそ汁

第5章 肉が主役のおかずみそ汁

- 78 牛肉とセロリの赤だし
- 82 鶏ささみのとろみみそ汁
- 86 みょうがの豚巻きみそ汁
- 90 鶏とごぼうの豆乳みそ汁
- 92 豚しゃぶとレタスのエスニックみそ汁
- 93 とんこつ風みそ汁
- 94 豚肉ともやしの焦がしねぎ油みそ汁
- 95 豚キムチみそ汁
- 80 白滝の坦々みそ汁
- 84 肉団子とわかめの梅風味みそ汁
- 88 鶏つくねとかぶのみそ汁
- 91 鶏手羽中と白菜の高菜みそ汁

Column 03　一杯で満足お夜食みそ汁　96

ほうとうみそ汁／せん切り大根と玉ねぎのパングラタンみそ汁／水餃子と小松菜の中華風みそ汁／豆腐としらすのみそにゅう麺／焼きおにぎりの薬味みそ汁

❋第6章❋　おもてなし向けごちそうみそ汁

- 98　有頭えびのみそ汁
- 102　さけの酒粕汁
- 106　けんちん汁
- 110　トマト豚汁
- 112　みそ汁ブイヤベース
- 100　アラ汁
- 104　いわしのつみれ汁
- 108　カムジャタン風みそ汁
- 111　みそ汁サムゲタン
- 113　白子のみそ汁

❋第7章❋　スープみたいな洋風おかずみそ汁

- 114　レンズ豆のカレー風味みそ汁
- 118　ミートボールのミルクカレーみそ汁
- 120　カマンベールチーズとブロッコリーのみそ汁
- 121　しらすとほうれん草のガーリックみそ汁
- 122　卵豆腐とブロッコリーのくずしみそポタージュ
- 123　たことズッキーニのみそ汁
- 124　さば缶のトマトみそスープ
- 125　アボカドとじゃがいものとろみみそ汁
- 126　角切り野菜とカリカリベーコンの赤だし
- 127　もやしとキャベツのチーズみそ汁
- 116　赤だしミネストローネ

本書の決まりごと

材料の表記について

大さじ1…15cc（15㎖）
小さじ1…5cc（5㎖）
少々（固体）…親指と人差し指の
　　　　　　　2本でつまむ量
少々（液体）…1～2滴分
適量…ちょうどよい量を
　　　加減しながら入れる
適宜…お好みで加える。入れなくてもOK

※電子レンジは600wのものを使用しています。

アイコンについて

調理にかかる目安の時間を表記しています。

1食分のカロリーを表記しています。

各レシピに合うおすすめのみその種類を下記のアイコンで表記しています。

味の違いとベストな一杯

「みそ」と一口にいっても、材料や風味もさまざま。
それぞれ、どのような具材と相性がよいのかみてみましょう。

豆みそ
大豆に豆麹を混ぜてつくったみそ。風味が強く、コクや香りが高いものと合わせるとよい。

仙台みそ
大豆に米麹を加えてつくる米みそのひとつ。しっかりとした中辛口で、卵や魚介などが合う。

淡色みそ
米みそのひとつで、仙台みそと白みそとの中間的な味わい。野菜のほか、どんな具材とも相性◎。

麦みそ
大豆と麦麹でできるみそ。油分や甘味のある具材と合わせやすく、洋風みそ汁にも向いている。

白みそ（甘みそ）
米みそのなかでも色白で甘味が強い。豆腐など、シンプルな味の具材と合わせやすい。

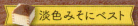

キャベツと油揚げのみそ汁

材料(2人分)

キャベツ	3〜4枚(200g)
油揚げ	½枚
だし汁	500mℓ
淡色みそ	大さじ1½

下ごしらえ

キャベツは3cm四方に切る。油揚げは湯（分量外）を回しかけ、キッチンペーパーに挟んで余分な油をしっかりとり、縦半分にしてから細切りにする。

つくり方

1 鍋にだし汁とキャベツ、油揚げを入れて強火にかける。煮立ったら中火にし、キャベツに火が通るまで煮る。

2 みそを溶き入れ、温まったら火をとめる。

Point 淡色みそのほのかな塩気がキャベツの甘味を引き立てる

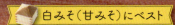

かいわれ菜と豆腐のたらこみそ汁

白みそ（甘みそ）にベスト

材料(2人分)

かいわれ菜	大1パック(50g)
絹ごし豆腐	1/2丁(150g)
たらこ	1/2腹(50g)
だし汁	500ml
白みそ	大さじ2

下ごしらえ

たらこは4等分に、絹ごし豆腐は1cm幅に切る。かいわれ菜は根元を切っておく。

つくり方

1 鍋にだし汁を入れて熱し、煮立ったら豆腐を入れて温める。

2 かいわれ菜を加えてみそを溶き入れ、ひと煮立ちさせる。

3 たらこを加え、お好みの火入れで火をとめる。

Point

豆腐やたらこの繊細な味わいを白みその甘味が壊さずまとめる

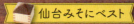

たっぷりピーマンと炒り卵のみそ汁

材料(2人分)

- ピーマン……4個
- 卵……2個
- サラダ油……大さじ½
- だし汁……500mℓ
- 仙台みそ……大さじ1½

下ごしらえ

ピーマンは縦半分に切ってから横細切りにする。卵は溶きほぐす。

つくり方

1 鍋にサラダ油を熱し、卵を入れて大きく混ぜ、半熟状になったら火をとめて一度とり出す。

2 同じ鍋にだし汁を入れて温め、煮立ったらピーマンを加え、みそを溶き入れる。

3 1を加えて30秒ほど煮る。

Point 濃厚な卵の味わいに中辛口の仙台みそがよく合う

麦みそにベスト

かぼちゃとベーコンのみそ汁

材料(2人分)

かぼちゃ	160g
ベーコン	1枚
さやいんげん	4〜5本
だし汁	500ml
麦みそ	大さじ1½

下ごしらえ

かぼちゃは1〜1.5cm幅のくし型に、さやいんげんは3〜4cmの長さに切る。ベーコンは1cm幅に切る。

つくり方

1 鍋にだし汁とかぼちゃ、ベーコンを入れて火にかける。煮立ったら、さやいんげんを加えて1〜2分煮て火を通す。

2 みそを溶き入れ、温まったら火をとめる。

> **Point**
> 麦みその香ばしさがかぼちゃとベーコンの甘味を際立たせる

豆みそにベスト
しじみとなめこの赤だし

材料(2人分)

しじみ	150g
なめこ	1袋(100g)
しその葉	4枚
昆布(5cm)	1枚
水	500㎖
豆みそ	大さじ1½

下ごしらえ

しじみはひたる程度の水（分量外）に1〜2時間つけて砂抜きし、貝と貝をこすり合わせて洗う。なめこはざるに入れてさっと洗い、水気を切る。しその葉はせん切りにする。

つくり方

1　鍋に昆布としじみを入れて水を注いで火にかける。煮立って貝の口が開いたら、昆布をとり出し、アクをとる。

2　みそを溶き入れ、なめこを加える。煮立たないように注意してひと煮する。

3　器に盛り、しその葉をのせる。

Point しじみの濃いうま味を豆みその強い風味が受けとめる

※ 第1章 ※
野菜が主役の
おかずみそ汁

くたっと煮込んだり、半生で食感を残したりと、いろんな食べ方が楽しめる野菜。組み合わせや調理の仕方で、バリエーションも広がります。

かぶのやさしい甘さにほっこり
かぶとベーコンのみそ汁

調理時間 15分 / カロリー 128kcal

材料(2人分) 仙台みそ

かぶ	2〜3個(180g)
オリーブ油	小さじ1
みそ	大さじ1½
ベーコン(ハーフ)	3枚
だし汁	500mℓ

下ごしらえ

かぶは葉を少し残して6等分のくし切りにして皮をむき、葉は細かく刻む。ベーコンは1cm幅に切る。

つくり方

1 鍋にオリーブ油とベーコンを入れて弱火にかけ、ベーコンに焼き目をつける。

2 かぶを加えてひと混ぜし、だし汁を注ぎ入れて強火にする。煮立ったらふたをし、火が通るまで2〜3分煮る。

3 みそを溶き入れ、かぶの葉を加える。煮立たせないようにひと煮して火をとめる。

第1章 野菜が主役のおかずみそ汁

ゴーヤーの苦味で、みその味わいが引き立つ
なすとゴーヤーと長いもの赤だし

調理時間 12分

カロリー 106kcal

 材料(2人分) 豆みそ

下ごしらえ

なすはへたを落として長さを半分に切り、縦4等分にする。ゴーヤーは縦半分の薄切りにする。長いもは1cm幅の半月切りにする。

なす	1本	ゴーヤー	⅓本
長いも	80g	ごま油	大さじ½
だし汁	500mℓ	みそ	大さじ2

つくり方

1 鍋にごま油を熱し、長いもを並べてさっと焼く。なすを加えてさっと炒め、だし汁を注ぎ入れて強火にかける。

2 1が煮立ったら、ゴーヤーを加えて中火にし、火が通るまで2〜3分煮る。

3 みそを溶き入れ、温まったら火をとめる。

酒粕の甘い香りがふんわり広がる
根菜の酒粕みそ汁

 調理時間 15分

 カロリー 101 kcal

材料(2人分) 淡色みそ

里いも	1個(80g)	大根	80g
にんじん	⅓本(60g)	ごぼう	¼本(60g)
だし汁	600㎖	酒粕	40g
みそ	大さじ2	七味唐辛子	適量

下ごしらえ

里いもは皮をむいてひと口大に切り、さっと洗ってぬめりをとる。大根は7〜8㎜厚さのいちょう切りに、ごぼうとにんじんはひと口大の乱切りにする。酒粕はちぎって少し大きめの耐熱ボウルに入れておく。

つくり方

1 鍋にだし汁と里いも、大根、にんじん、ごぼうを入れて強めの中火にかける。

煮立てただし汁で酒粕を溶く

2 1が煮立ったら、だし汁をおたま一杯分ほど酒粕のボウルに加える。酒粕を溶かし、鍋に加える。

4 器に盛り、七味唐辛子をふる。

3 野菜に火が通るまで4〜5分煮て、みそを溶き入れる。

バターの風味がたまらない、野菜のうま味がつまった一椀

野菜炒めのバターみそ汁

 調理時間 12分
 カロリー 129 kcal

材料(2人分) 淡色みそ

キャベツ	2枚	チンゲン菜	1株
にんじん	40g	バター	10g
だし汁	500ml	みそ	大さじ1½
バター(仕上げ用)	8g		

下ごしらえ

キャベツは1cm幅に、チンゲン菜は縦半分に切ってから斜め1.5cm幅に切る。にんじんは3cm長さの短冊切りにする。

つくり方

1 鍋にバターを入れて火にかけ、溶けてきたらにんじん、キャベツ、チンゲン菜を順に入れ、つやが出るまで炒める。

2 だし汁を入れて強火にする。煮立ったら中火で1〜2分煮て、野菜に火を通す。

3 みそを溶き入れ、火をとめる。器に盛り、お好みでバターをのせる。

第1章 野菜が主役のおかずみそ汁

コクうまチーズがとろーりとろける
ほくほくじゃがいものチーズみそ汁

 調理時間 15分
 カロリー 297kcal

材料(2人分) 淡色みそ

じゃがいも	大1個(200g)	ごま油	小さじ1
だし汁	600ml	合いびき肉	100g
万能ねぎ	2～3本	みそ	大さじ1½
		ピザ用チーズ	20g

下ごしらえ

じゃがいもは皮をむき、ひと口大に切る。万能ねぎは小口切りにする。

つくり方

ひき肉は崩しすぎないように

1 鍋にごま油を入れて熱し、ひき肉を入れて崩しすぎないように大きくほぐしながら炒める。

2 肉の色が変わったら、だし汁とじゃがいもを入れて中火で煮立てる。ふたをして弱めの中火にし、じゃがいもに火が通るまで5～6分煮る。

3 みそを溶き入れ、万能ねぎを加える。

余熱でチーズがとろとろに

4 煮立つ直前で火をとめる。器に盛り、チーズをのせる。

第1章 野菜が主役のおかずみそ汁

甘味たっぷりの王道の組み合わせ
玉ねぎとかぼちゃのみそ汁

 調理時間 15分 カロリー 131kcal

材料(2人分) 淡色みそ

玉ねぎ	½個	かぼちゃ	140g
油揚げ	⅓枚	だし汁	500㎖
みそ	大さじ1½		

下ごしらえ

かぼちゃはひと口大に、玉ねぎは1㎝幅のくし形に切る。油揚げは油抜きをし、縦半分に切ってから細切りにする。

つくり方

1. 鍋にだし汁とかぼちゃ、玉ねぎ、油揚げを入れて強火にかける。煮立ったら弱めの中火にし、火が通るまで煮る。

2. みそを溶き入れ、温まったら火をとめる。

じゃがいものシャキシャキ食感が楽しい

せん切りじゃがいもと わかめのみそ汁

調理時間 10分　カロリー 110kcal

じゃがいも ……… 大1個(200g)
みそ ……… 大さじ1½
わかめ(塩蔵) ……… 50g
だし汁 ……… 500㎖

下ごしらえ

じゃがいもはせん切りにして水(分量外)に10分ほどさらし、ざるにあげて水気を切る。わかめは水洗いしてひと口大に切る。

つくり方

1. 鍋にだし汁を入れて温め、じゃがいもを加えてひと煮する。

2. みそを溶き入れ、わかめを加え、温まったら火をとめる。

第1章　野菜が主役のおかずみそ汁

栄養豊富なモロヘイヤをたくさん食べられる
モロヘイヤと揚げ玉のみそ汁

調理時間 10分 / カロリー 53kcal

材料(2人分)

モロヘイヤ 1束(100g)	揚げ玉 20g
だし汁 500㎖	みそ 大さじ1½

下ごしらえ

モロヘイヤは葉を摘みとってざく切りにする。

つくり方

1　鍋にだし汁を入れて煮立て、モロヘイヤを加え1～2分ほど煮る。

2　みそを溶き入れ、温まったら火をとめ、揚げ玉を散らす。

するりと食べられておなかも満たされる
大和いものおとしみそ汁

調理時間 10分　カロリー 168kcal

材料(2人分) 仙台みそ

大和いも	200g	だし汁	500mℓ
片栗粉	大さじ1	みそ	大さじ2
		刻みのり	少々

つくり方

1. 鍋にだし汁を入れて火にかけ、温まったらみそを溶き入れる。
2. 大和いもを静かに入れ、煮立つ直前で火をとめる。

 おたまですくって入れよう

3. 器に盛り、刻みのりをのせる。

下ごしらえ

大和いもはすりおろし、片栗粉を加えて混ぜ合わせる。

第1章　野菜が主役のおかずみそ汁

さつまいもの甘味とごまの香りで心落ち着く一杯

さつまいもと
れんこんのごまみそ汁

調理時間 15分 / カロリー 169 kcal

材料(2人分) 仙台みそ

さつまいも	½本(100g)	れんこん	100g
だし汁	500㎖	みそ	大さじ1½
すり白ごま	大さじ2		

下ごしらえ

さつまいもは皮ごと1cm厚さの半月切りにする。れんこんは6〜7mm厚さのいちょう切りにする。

つくり方

1 鍋にだし汁とさつまいも、れんこんを入れて中火にかけ、火が通るまでふたをして5〜6分煮る。

2 みそを溶き入れ、温まったらごまを加えて火をとめる。

第1章 野菜が主役のおかずみそ汁

すりおろしにんじんの甘さが際立つ

すりおろしにんじんとニラのみそ汁

調理時間 10分 / カロリー 84kcal

材料(2人分) 白みそ

にんじん	½本(100g)	ニラ	⅓束
だし汁	500ml	塩	1つまみ
うず巻き麩	12個	みそ	大さじ2

下ごしらえ

にんじんはすりおろす。ニラは2cmの長さに切る。

つくり方

1. 鍋にだし汁を入れて温める。煮立ったらにんじんと塩を加え、2〜3分煮る。

2. ニラとうず巻き麩を加え、みそを溶き入れる。かき混ぜながら温め、煮立つ前に火をとめる。

27

豆板醤がピリリと味を引きしめる

大豆もやしとアスパラの
ピリ辛みそ汁

 材料(2人分)

大豆もやし	1袋(200g)	アスパラガス	4本
だし汁	500ml	にんにく	1片
豆板醤	小さじ1	みそ	大さじ1½

 下ごしらえ

大豆もやしはひげ根をとる。アスパラガスは下半分をピーラーでむき、斜め3〜4cmの長さに切る。にんにくは薄切りにする。

つくり方

1 鍋にだし汁とにんにく、豆板醤を入れて煮立て、大豆もやしを加え3〜4分煮る。

2 アスパラガスを加えてさらに2分ほど煮て、みそを溶き入れる。

調理時間 15分 / カロリー 166kcal

第1章 野菜が主役のおかずみそ汁

豚肉のうま味がくたくた白菜にベストマッチ
白菜と豚こまのみそ汁

 材料(2人分) 麦みそ

白菜	2枚(200g)	豚こま切れ肉	80g
ごま油	小さじ1	しょうが	1片
だし汁	500㎖	みそ	大さじ2
スプラウト	½パック		

 下ごしらえ

白菜は、軸と葉を切り分け、軸は繊維を断つように細切りに、葉は少し大きめのざく切りにする。しょうがはせん切りにする。スプラウトは根元を切っておく。

つくり方

1 鍋にごま油としょうが、豚肉を入れて炒める。端に寄せ、白菜の軸を入れさっと炒める。

2 豚肉の色が変わってきたら、だし汁を入れて強火で煮立てる。アクが出たらすくいとり、弱めの中火で2〜3分煮る。

3 白菜の葉を加えてさらに1分ほど煮て、みそを溶き入れる。

4 器に盛り、スプラウトをのせる。

第2章
きのこが主役の
おかずみそ汁

つるっとしたなめこや香り高いしいたけなど、個性豊かなきのこもみそ汁に欠かせません。風味や食感が活きるみそと具を選んで仕上げましょう。

まいたけの風味がやさしく広がる

まいたけごぼうの肉団子みそ汁

 調理時間 18分
 カロリー 166kcal

 材料(2人分) 仙台みそ

まいたけ	1パック
ごぼう	½本
だし汁	500mℓ
みそ	大さじ2
いり白ごま	適量

【肉団子】
豚ひき肉	80g
おろししょうが	小さじ1
酒	小さじ1
片栗粉	小さじ1
塩	少々

 下ごしらえ

まいたけは小房に分ける。ごぼうはささがきにする。【肉団子】の材料をすべてポリ袋に入れ、袋の上からよく練り混ぜる。

 つくり方

スプーンを使うとやりやすい

1 鍋にだし汁とまいたけを入れ、強めの中火にかける。煮立ったら【肉団子】の袋の端を切り落とし、ひと口大よりやや小さい大きさにしぼり出しながら鍋に落とし入れる。

2 煮立ったらアクをとり、ごぼうを加えてひと煮する。みそを溶き入れて火をとめ、器に盛り、いり白ごまをふる。

焼きみその香ばしさがなめこのうま味を高める

なめこピーマンの焼きみそ汁

 調理時間 15分
 カロリー 101kcal

 材料(2人分) 仙台みそ

 下ごしらえ

豆腐は軽く水気を切ってさいの目に切る。なめこはさっと洗い水気を切る。ピーマンは縦6等分にする。

なめこ	1パック	ピーマン	2個
みそ	大さじ2	だし汁	600mℓ
木綿豆腐	½丁(150g)	おろししょうが	適量

つくり方

耐熱皿に薄くのばし、トースターで焼いてもOK

1 みそをしゃもじに薄くぬり、直火にかざして、表面に焼き色がつくまであぶりながら焼く。

2 鍋にだし汁を入れて温め、煮立ったらピーマンを加えてひと煮する。

3 1のみそを溶き入れる。豆腐となめこを加え、煮立てないように1〜2分煮る。

4 器に盛り、おろししょうがをのせる。

33

たっぷりきのこともちもち食感のすいとんで満腹感◎
きのこのそば粉すいとん汁

 調理時間 20分   カロリー 147kcal

 材料(2人分) 仙台みそ

 下ごしらえ

えのきだけは半分の長さに切ってほぐす。まいたけは小房に分ける。三つ葉は刻む。

えのきだけ	½袋(80g)
まいたけ	1パック
だし汁	600㎖
みそ	大さじ2
三つ葉	½束

【そば粉すいとん】
そば粉	50g
塩	小さじ¼
熱湯	100〜120㎖

つくり方

水から煮るときのこのうま味が出る

1 鍋にだし汁とえのきだけ、まいたけを加え、強めの中火にかける。

2 そば粉はボウルに入れて塩を混ぜ、熱湯を少しずつ加えてなめらかになるまでこねる。

具材を端に寄せ、空いたところに入れて

3 1が煮立ったら、2をスプーンで落とし入れる。

4 そば粉すいとんが浮かんできたら、みそを溶き入れ、三つ葉を散らす。

酸味と辛味がクセになる
きくらげのサンラータン風みそ汁

調理時間 15分
カロリー 131 kcal

材料(2人分)

きくらげ(乾燥)	4g	だし汁	500ml
もやし	½袋(100g)	絹ごし豆腐	⅓丁(100g)
みそ	大さじ2	酢	小さじ1
卵	1個	片栗粉	大さじ1
ラー油	適量	水	大さじ2

下ごしらえ

きくらげはたっぷりの水（分量外）につけて戻し、食べやすい大きさに切る。絹ごし豆腐はひと口大にちぎる。卵は溶きほぐす。片栗粉は水で溶いておく。

つくり方

1 鍋にだし汁ときくらげを入れ、強めの中火にかける。煮立ったらもやしと豆腐を加え、1～2分煮る。

2 みそを溶き入れ、片栗粉を加えてとろみをつける。

4 器に盛り、ラー油をたらす。

3 卵をまわし入れ、ふんわりと浮いてきたらさっとひと混ぜし、酢を入れる。

しいたけのだしがじんわりしみる
しいたけと里いものみそ汁

調理時間 15分 / カロリー 86kcal

材料(2人分) 麦みそ

しいたけ	4枚	里いも	2個
だし汁	500mℓ	みそ	大さじ2
七味唐辛子	適量		

下ごしらえ

里いもは皮をむいてひと口大に切り、さっと洗ってぬめりをとる。しいたけは石づきをとり4等分にする。

つくり方

1　鍋にだし汁と里いも、しいたけを入れて中火にかける。煮立ったら弱火にしてふたをし、里いもに火が通るまで4〜5分煮る。

2　みそを溶き入れ、煮立つ前に火をとめる。器に盛り、七味唐辛子をふる。

うま辛の炒めキムチをえのきの甘味と卵でマイルドに
えのきとキムチの半熟卵みそ汁

調理時間 10分 / カロリー 114kcal

材料(2人分) 〈淡色みそ〉

えのきだけ‥‥小1パック(100g)	キムチ‥‥‥‥60g
ごま油‥‥‥小さじ1	ゆで卵‥‥‥‥1個
みそ‥‥‥‥小さじ4	だし汁‥‥‥500ml
	万能ねぎ‥‥‥4本

下ごしらえ

えのきだけは根元を落とし、3cmの長さに切る。万能ねぎは斜め3cmの長さに切る。キムチはざく切りに、ゆで卵は4等分にする。

つくり方

1. 鍋にごま油とキムチを入れて炒め、香りが立ったら、えのきだけとだし汁を入れて中火で煮る。

2. 煮立ったらみそを溶き入れ、万能ねぎとゆで卵を入れる。

エリンギと砂肝の歯ごたえが楽しい
きのこと砂肝のおろしみそ汁

調理時間 20分　カロリー 109kcal

材料(2人分) 〈豆みそ〉

エリンギ	大1本	なめこ	1/2袋(50g)
砂肝	100g	だし汁	500mℓ
みそ	大さじ2	大根おろし	80g
粗びきこしょう	少々		

下ごしらえ

砂肝は下処理して薄切りにする。エリンギは縦半分の薄切りにする。なめこはさっと洗って水気を切る。

つくり方

1　鍋にだし汁とエリンギを入れて強めの中火にかける。煮立ったら砂肝を入れてアクをとり、弱めの中火で約10分煮る。

2　みそを溶き入れ、なめこと大根おろしを入れてひと煮する。

3　器に盛り、粗びきこしょうをふる。

ピリっと辛いザーサイがきのこと豚肉をまとめる

しいたけと豚こまのザーサイみそ汁

調理時間 15分 / カロリー 176kcal

材料(2人分) 豆みそ

豚こま切れ肉 … 100g
【A】
┌ 酒 ………… 小さじ1
│ 片栗粉 …… 小さじ1
└ しょうゆ … 小さじ1/3

しいたけ ………… 2枚
しめじ ………… 1パック
だし汁 ………… 500㎖
ザーサイ(味付き) … 30g
みそ ………… 小さじ4

下ごしらえ

豚肉は細切りにして【A】をもみ込んで下味をつける。しいたけは薄切りにする。しめじは小房に分ける。ザーサイは細切りにする。

つくり方

1. 鍋にだし汁としいたけ、しめじを入れて強めの中火にかける。煮立ったらザーサイと豚肉を加えて7～8分煮る。

2. みそを溶き入れ、温まったら火をとめる。

第2章 きのこが主役のおかずみそ汁

41

ソーセージのうま味できのこもおいしい！　大人も子どもも好きな味

炒めきのことソーセージのみそ汁

調理時間 10分 / カロリー 201kcal

材料(2人分)

エリンギ	2本	しめじ	1パック
ソーセージ	4本	オリーブ油	小さじ1
だし汁	500ml	みそ	大さじ1½
パセリ(みじん切り)	大さじ1		

下ごしらえ

エリンギは食べやすい大きさに切る。しめじは小房に分ける。ソーセージは斜め2〜3等分に切る。

つくり方

1 鍋にオリーブ油を熱し、ソーセージを入れて焼き色をつける。エリンギ、しめじを加えてさっと炒め混ぜ、だし汁を加え、煮立ったら3〜4分煮る。

2 みそを溶き入れ、温まったら火をとめる。パセリを加え、ひと混ぜして器に盛る。

第2章 きのこが主役のおかずみそ汁

フレッシュなマッシュルームの風味と食感を楽しんで

マッシュルームとほうれん草のみそ汁

調理時間 10分 / カロリー 86kcal

材料(2人分) 豆みそ

マッシュルーム（ブラウン）	5個	ほうれん草	½束
みそ	大さじ2	だし汁	500㎖
		油揚げ	½枚

下ごしらえ

ほうれん草はさっとゆでて水気をしぼり、3cmの長さに切る。マッシュルームは薄切りにする。油揚げは油抜きし、縦半分に切って細切りにする。

つくり方

1 鍋にだし汁を入れて強火にかける。煮立ったらみそを溶き入れ、油揚げを加える。

具材の前にみそを溶く

2 ほうれん草とマッシュルームを加え、さっと温める。

Column 01

暑い日もひんやりさっぱり食べられる

夏にうれしい冷たいみそ汁

さば缶を使えば時短になってうま味もたっぷり

さば缶の冷汁

材料(2人分) 淡色みそ

- さば缶(水煮) ……… 1缶(190g)
- みょうが ……… 2個
- オクラ ……… 6本
- しその葉 ……… 4枚
- きゅうり ……… ½本
- みそ ……… 大さじ1
- すり白ごま ……… 大さじ3
- だし汁 ……… 300ml

つくり方

1. みょうがは縦半分に切ってから薄切りに、オクラはさっとゆでてから小口切りする。しそはせん切りに、きゅうりは薄い輪切りにする。だし汁は冷やしておく。
2. ボウルにすり白ごまとみそ、さば缶の汁を加えてなじむまで混ぜる。
3. だし汁を注いでのばし、粗くほぐしたさばの身、みょうが、オクラ、しそ、きゅうりを加えて混ぜ、食べる直前まで冷蔵庫で冷やす。

ひよこ豆入りかぼちゃみそポタージュ

材料(2人分) 白みそ

- かぼちゃ ……… 100g
- ひよこ豆(水煮) ……… 50g
- 玉ねぎ ……… ¼個
- バター ……… 15g
- 豆乳 ……… 200ml
- 水 ……… 200ml
- みそ ……… 大さじ1½
- オリーブ油 ……… 適量
- セルフィーユ ……… 適量

つくり方

1. かぼちゃは皮をところどころむき、小さめのひと口大に切る。玉ねぎは薄切りにする。
2. 鍋にバターと玉ねぎを入れて炒める。しんなりしたら、かぼちゃとひよこ豆、水を加えて煮立たせ、ふたをして弱めの中火で約6〜7分煮て火をとめる。
3. 粗熱が少しとれたら、みそを溶き混ぜて豆乳を加える。ミキサーに入れ、なめらかになるまでかく拌する。
4. 食べる直前まで冷やし、器に盛る。オリーブ油をたらし、セルフィーユを添える。

とろーり甘い冷製みそスープ

蒸し鶏ときゅうりの香味みそ汁

市販のプレーン味の蒸し鶏を使おう

材料(2人分) 豆みそ

- 蒸し鶏 …… 100g
- きゅうり …… 1本
- わかめ(塩蔵) …… 40g
- ミニトマト …… 6個
- おろししょうが …… ½片分
- だし汁 …… 400㎖
- みそ …… 大さじ1½
- いり白ごま …… 小さじ2

つくり方

1. きゅうりは縦半分に切ってから斜め薄切りにする。わかめはよく水洗いし、食べやすい大きさに切る。ミニトマトは4等分に切る。蒸し鶏は粗くさく。
2. ボウルにだし汁としょうがを入れ、みそを溶き入れてよく混ぜる。きゅうりとわかめ、ミニトマトを加えて食べる直前まで冷やす。
3. 器に盛り、蒸し鶏をのせて、いり白ごまをふる。

すりおろしトマトとツナのみそ汁

材料(2人分) 麦みそ

- トマト …… 2個(240g)
- ツナ缶 …… 小1缶
- ブロッコリースプラウト …… 1パック
- おろしにんにく …… ½片分
- レモン汁 …… 小さじ1
- みそ …… 大さじ1½
- こしょう …… 少々
- 水 …… 100〜150㎖

つくり方

1. トマトはすりおろす。ブロッコリースプラウトは根元を切っておく。
2. ボウルにトマトとおろしにんにく、ツナ缶の汁、レモン汁、こしょう、水を入れて混ぜる。みそを溶き入れ、食べる直前まで冷やしておく。
3. 器に盛り、ツナとブロッコリースプラウトをのせる。

ツナのうま味がトマトと合う!

なすとミニトマトのみそ汁

しょうがのさわやかさで暑さもすっきり

材料(2人分) 仙台みそ

- なす …… 2本
- ミニトマト …… 4個
- だし汁 …… 400㎖
- みそ …… 大さじ1½
- しょうが …… ½片

つくり方

1. なすはヘタを切り落としてラップで1本ずつ包み、電子レンジで3分加熱する。粗熱がとれたら、2㎝幅に切る。ミニトマトは半分に切る。しょうがはせん切りにする。
2. だし汁にみそを溶き入れてよく混ぜ、なすとミニトマトを加え、食べる直前まで冷蔵庫で冷やしておく。
3. 器に盛り、しょうがをのせる。

第3章
卵・豆・豆製品が主役の
おかずみそ汁

卵や豆、豆腐などの豆製品もみそ汁との相性は抜群。
良質なタンパク質を手軽に補う一品としても重宝します。

豆腐をかむとピリ辛スープがじんわり広がる

高野豆腐の麻婆みそ汁

調理時間 18分 / カロリー 220kcal

材料(2人分)
豆みそ

高野豆腐	1個
豚ひき肉	100g
だし汁	500ml
ニラ	1/3束
ごま油	小さじ1
豆板醤	小さじ1/2〜1
みそ	大さじ1 1/2

下ごしらえ

高野豆腐はぬるま湯（分量外）につけて戻し、水気をしぼって1cm角に切る。ニラは2cmの長さに切る。

つくり方

1 鍋にごま油を熱し、豚肉と豆板醤を加えてほぐしながら炒める。

2 肉の色が変わったら、だし汁と高野豆腐を入れて中火にし、煮立ったら4〜5分煮る。

3 みそを溶き入れ、ニラを加えて温める。

卵入りの巾着のしっかりとした食べ応え
油揚げの巾着みそ汁

調理時間 15分　カロリー 182kcal

第3章 卵・豆・豆製品が主役のおかずみそ汁

材料(2人分) 〈淡色みそ〉

油揚げ	1枚	卵	2個
だし汁	500mℓ	玉ねぎ	½個
みそ	大さじ1½	みょうが	1個

下ごしらえ

油揚げは熱湯をかけて油抜きし、半分に切って袋状に開く。玉ねぎは縦薄切りに、みょうがは薄い輪切りにする。

つくり方

1 油揚げに卵を1個ずつ割り入れ、口を楊枝で縫うようにとめる。

2 鍋にだし汁と玉ねぎを入れる。煮立ったら*1*を入れ、弱めの中火でふたをして5分ほど煮る。

3 みそを溶き入れ、温まったらみょうがを散らして火をとめる。

おとし卵をめかぶと一緒に「つるん」といただく
めかぶとレタスのおとし卵みそ汁

調理時間 15分 / カロリー 115kcal

 材料(2人分) 仙台みそ

卵	2個
レタス	2〜3枚
みそ	大さじ1½
めかぶ	2パック
だし汁	500㎖

下ごしらえ
レタスはひと口大のざく切りにする。

つくり方

1 鍋にだし汁を入れて火にかけ、煮立ったらみそを溶き、めかぶとレタスを加える。

2 卵を1個ずつ割り入れ、白身が固まり始めたら、お好みの固さになるまで煮立てないように火を通す。

おろししょうがでさわやかな味わいに
厚揚げと小松菜のしょうがみそ汁

調理時間 10分 / カロリー 149kcal

材料(2人分) 〈仙台みそ〉

厚揚げ	1枚(150g)	小松菜	3〜4株(80g)
だし汁	500ml	おろししょうが	½片分
みそ	大さじ1½		

下ごしらえ

厚揚げは油抜きし、ひと口大にちぎる。小松菜は3cmの長さに切る。

つくり方

1. 鍋にだし汁を入れて強火にかける。煮立ったら厚揚げを加え、中火にして2〜3分煮る。

2. 小松菜を加えてしんなりしたら、おろししょうがを加え、みそを溶き入れて温める。

梅の酸味と納豆の香ばしさが好相性

きざみ三つ葉の梅納豆みそ汁

調理時間 10分 / カロリー 90kcal

材料(2人分) 淡色みそ

納豆	1パック(50g)
梅干し	大1個
ねぎ	½本
三つ葉	1束
だし汁	500ml
みそ	大さじ1½

下ごしらえ

納豆は包丁で粗くたたく。ねぎは小口切りにする。三つ葉は2cm幅に刻む。梅干しは種をとって粗くたたく。

つくり方

1. 鍋にだし汁を入れ、強めの中火にかける。煮立ったらねぎを加えてひと煮する。

2. みそを溶き入れ、納豆と三つ葉を加えてさっと煮て火をとめる。

3. 器に盛り、梅干しをのせる。

第3章 卵・豆・豆製品が主役のおかずみそ汁

苦味も酸味もかきたまでマイルドに
かきたまゴーヤー汁

調理時間 15分 / カロリー 145kcal

 仙台みそ

卵	2個	ゴーヤー	½本
だし汁	600㎖	片栗粉	小さじ2
トマト	小1個(120g)	水	小さじ4
みそ	大さじ2弱		

 下ごしらえ

ゴーヤーは縦半分に切って種とワタをとり、薄切りにする。トマトはくし形に切る。卵は溶きほぐす。片栗粉は水で溶いておく。

 つくり方

1. 鍋にだし汁を入れて強火で煮立て、ゴーヤーを加えて1〜2分煮る。みそを溶き入れ、片栗粉を加えてとろみをつける。

2. トマトを加えて温まったら、卵をまわし入れて半熟状に火を通す。

固焼きでも半熟でも楽しめる
アスパラガスの目玉焼きみそ汁

調理時間 15分 / カロリー 150kcal

 材料(2人分) 麦みそ

卵	2個	アスパラガス	4〜5本
オリーブ油	大さじ½	だし汁	500ml
みそ	大さじ2		

 下ごしらえ

アスパラガスは下半分をピーラーでむき、3〜4cmの長さに切る。

つくり方

1 鍋にオリーブ油を熱し、卵を割り入れて目玉焼きをつくり、一度とり出す。

お好みの焼き加減で

2 同じ鍋にだし汁を入れて強火にかけ、煮立ったらアスパラガスを加えてひと煮する。みそを溶き入れ、1を戻し入れて温める。

第3章 卵・豆・豆製品が主役のおかずみそ汁

クリームコーンがこっくり甘い
中華風コーンみそ汁

調理時間 10分 / カロリー 110kcal

のりは黒こしょうでもOK

材料(2人分) 淡色みそ

卵白	2個分	クリームコーン(缶詰)	150g
水	300ml	みそ	大さじ1½
片栗粉	大さじ½	刻みのり	適量
水	大さじ1		

下ごしらえ

卵白は溶きほぐす。片栗粉は水で溶いておく。

つくり方

1. 鍋にクリームコーンと水を入れて火にかけ、少しふつふつしてきたら、みそを溶き入れ、片栗粉を加えてとろみをつける。

2. 卵白をまわし入れ、卵が浮いてきたら火をとめる。

3. 器に盛り、刻みのりをのせる。

調理時間 10分 / カロリー 96kcal

食欲がない日もするりと食べやすいあっさり味

くずし豆腐ののりみそ汁

(2人分) 淡色みそ

木綉豆腐 ……… ½丁(150g)
だし汁 ………… 500㎖
かいわれ菜 …… 1パック
焼きのり(全形) … 1枚
みそ …………… 大さじ2弱

下ごしらえ

焼きのりは手でちぎる。かいわれ菜は根元を切り落としておく。

つくり方

1. 鍋にだし汁を入れて煮立たせる。豆腐を手で崩しながら加えて中火で2～3分煮る。

2. みそを溶き、のりとかいわれ菜を加えて温める。

⏱ 20分 / 🔥 179kcal

グリーンピースとうずらの色味がかわいい

グリンピースとうずら卵の
おろしじゃがいもみそ汁

📏 材料(2人分) 麦みそ

グリンピース(冷凍) …… 100g	うずらの卵(水煮) … 6個
水 …… 200㎖	じゃがいも … 1個(120g)
みそ …… 大さじ1½	だし汁 …… 400㎖
	粗びきこしょう … 少々

🍴 つくり方

1. 鍋にグリンピースと水を入れ、じゃがいもをすりおろしながら加え、ふたをして弱めの中火で約10分煮る。

鍋に直接すりおろしちゃおう

2. 火をとめてグリンピースをおたまの背でつぶす。だし汁を注ぎ、うずらの卵を加え、みそを溶き入れて温める。

🔪 下ごしらえ

うずらの卵は半分に切る。じゃがいもは皮をむく。

3. 器に盛り、粗びきこしょうをふる。

大豆のやさしい味わいでほっこりする
豆腐と豆乳のみそ汁

 材料(2人分)

絹ごし豆腐	⅔丁(200g)	豆乳(無調整)	200mℓ
だし汁	300mℓ	塩	小さじ¼
みそ	大さじ2	水菜	2株(70g)
ゆずこしょう	小さじ½〜1		

 下ごしらえ

豆腐は6等分に切る。水菜は4〜5cmの長さに切る。

つくり方

1 鍋にだし汁と豆腐を加えて温め、煮立ったら弱めの中火にして1〜2分煮る。

2 豆乳と塩を加え、みそを溶き入れる。水菜を加え、煮立つ前に火をとめる。

3 器に盛り、ゆずこしょうをのせる。

調理時間 10分 / カロリー 105 kcal

煮卵とみそのおどろきの相性
しし唐の煮卵みそ汁

材料(2人分) 〈仙台みそ〉

煮卵	1個	しし唐	1パック
ごま油	小さじ1	だし汁	400㎖
みそ	大さじ1½	いり白ごま	小さじ1

下ごしらえ
しし唐はへたを切り落とし、短くする。煮卵は半分に割っておく。

つくり方

1. 鍋にごま油を熱し、しし唐を転がしながら強火で焼き、焼き目をつける。

2. だし汁を加えて煮立たせ、みそを溶き入れる。

3. 器に盛って煮卵を乗せ、いり白ごまをふる。

第3章 卵・豆・豆製品が主役のおかずみそ汁

Column 02

忙しい朝もしっかり食べたい！そんなときに……

ササッとつくれる 朝の3分みそ汁

コンビーフのうま味で朝から元気に！

ちぎりキャベツとコンビーフのみそ汁

材料(2人分) 〈淡色みそ〉

- キャベツ ………… 2枚
- コンビーフ ………… 小⅓缶(80g)
- ミニトマト ………… 4個
- だし汁 ………… 500ml
- みそ ………… 小さじ4

つくり方

1. キャベツはひと口大にちぎる。コンビーフは大きめにほぐす。ミニトマトは半分に切る。
2. 鍋にだし汁とキャベツとコンビーフを入れて煮立てる。ミニトマトを加え、火を弱めて1〜2分煮る。
3. みそを溶き入れ、温まったら火をとめる。

さつま揚げと冷凍ほうれん草のみそ汁

材料(2人分) 〈麦みそ〉

- さつま揚げ ………… 小2枚
- ほうれん草(冷凍) ………… 120g
- だし汁 ………… 400ml
- みそ ………… 小さじ4

つくり方

1. さつま揚げは薄切りにする。
2. 鍋にだし汁を入れて煮立て、さつま揚げと凍ったままのほうれん草を加えて1〜2分煮る。
3. みそを溶き入れ、温まったら火をとめる。

ほのかな甘みであわただしさをリセット

好きな漬物で
すぐにつくれる

漬物とちぎりがんものみそ汁

材料(2人分) 〔白みそ〕

お好みの漬物
（白菜漬け、野沢菜漬けなど）
　　　　　　　　　　100g
がんもどき
　　　　　　　小4個(100g)
だし汁　　　　　　 500mℓ
みそ　　　　　　大さじ1強

つくり方

1　漬物はざく切りにする。がんもどきはひと口大にちぎる。
2　鍋にだし汁を入れて煮立て、漬物とがんもどきを加えて1〜2分煮る。
3　みそを溶き入れ、温まったら火をとめる。

にんじんとズッキーニの
ピーラーみそ汁

ピーラーで
らくらく調理

材料(2人分) 〔仙台みそ〕

にんじん　　　　　　 ¼本
ズッキーニ　　　　　 ⅓本
だし汁　　　　　　 400mℓ
みそ　　　　　　大さじ1½
粗びきこしょう　　　 適量

つくり方

1　にんじんとズッキーニはピーラーで薄切りにする。
2　鍋にだし汁を入れて煮立てる。みそを溶き、1を加えて1〜2分煮る。
3　器に盛り、粗びきこしょうをふる。

桜えびの
だしが美味

サラダ菜と桜えびの
注ぐだけみそ汁

材料(2人分) 〔淡色みそ〕

サラダ菜
（柔らかい部分）
　　　　　　　　小4〜5枚
カットわかめ　　　　　3g
桜えび　　　　　　　　6g
みそ　　　　　　 小さじ4
湯　　　　適量(約400mℓ)

つくり方

1　器にみそを入れ、サラダ菜は半分程度にちぎって入れ、カットわかめ、桜えびを入れる。
2　沸かした湯を1に注ぎ入れ、かき混ぜてみそを溶かす。

第4章
魚介が主役の
おかずみそ汁

魚介を使ったみそ汁も、食べ応えもあり、おいしいものです。
身からだしも出て、風味豊かなみそ汁になります。

さけとかぶのうま味がしみ出た一杯

さけと根菜の甘酒みそ汁

調理時間 15分 / カロリー 210 kcal

材料(2人分) 〈淡色みそ〉

生さけ(切り身) 2切れ(160g)	かぶ(葉つき) 1個
しいたけ 2枚	ごぼう ⅓本
みそ 大さじ1⅔	だし汁 400㎖
	甘酒 100㎖

下ごしらえ

さけはキッチンペーパーに挟んで余分な水気をしっかりととり、ひと口大のそぎ切りにする。かぶは皮をむき、6等分のくし形に切る。かぶの葉は細かく刻む。しいたけは薄切りにする。ごぼうは乱切りにする。

つくり方

1 鍋にだし汁を入れて温め、かぶとごぼう、しいたけを入れる。煮立ったらさけを加え、ふたをして弱火で4〜5分煮る。

2 かぶに火が通ったら、みそを溶き入れる。

3 甘酒とかぶの葉を加えてひと煮する。

第4章 魚介が主役のおかずみそ汁

63

魚のうま味をすだちの酸味が引きしめる
刺身のすり流し

調理時間 15分 / カロリー 194kcal

 材料(2人分) 仙台みそ

刺身はお好みのものを

🐟 下ごしらえ

すだちは輪切りにする。片栗粉は水で溶いておく。

刺身セット（あじやはまちなど）	1パック(120g)
片栗粉	小さじ2
水	小さじ4
だし汁	400g
おろししょうが	小さじ2
みそ	大さじ1⅔
すだち	1個

 つくり方

1 刺身は包丁でたたいて粗くミンチにする。

2 鍋にだし汁を入れて煮立たせ、1とおろししょうがを加えて3〜4分煮る。

4 器に盛り、すだちをのせる。

3 みそを溶き、片栗粉を加えてひと煮し、火をとめる。

第4章 魚介が主役のおかずみそ汁

スプーンを使ってさば団子が簡単にできる

さば団子のゆずこしょうみそ汁

調理時間 20分
カロリー 251 kcal

材料(2人分) 淡色みそ

下ごしらえ

白菜は横細切りにする。

さば	半身1切れ	だし汁	500ml
【A】		酒	大さじ1
しょうゆ	小さじ½	白菜	1枚(100g)
片栗粉	小さじ1	みそ	大さじ1½
ゆずこしょう	小さじ1	万能ねぎ(小口切り)	適宜

つくり方

1 さばは骨をとり除き、身をスプーンでこそげとって包丁でたたく。【A】をたたき混ぜ、団子状にする。

2 鍋にだし汁を煮立て、酒を加える。1を落とし入れ、2～3分煮て火を通す。白菜を加え、さらに2～3分煮る。

いっしょに溶くと簡単！

3 ゆずこしょうとみそを溶き入れる。

4 器に盛り、お好みで万能ねぎを散らす。

たいの甘味とゆずの風味が香るやさしい味わい

たいと大根のゆず風味みそ汁

調理時間 15分

カロリー 138kcal

材料(2人分) 淡色みそ

たい(切り身)	大1切れ(120g)
塩	少々
みそ	大さじ1⅔
大根	120g
だし汁	500㎖
酒	大さじ1
ゆずの皮	適量

下ごしらえ

たいはキッチンペーパーに挟んで余分な水気をとり、塩をふって半分に切る。大根は5cm長さのせん切りにする。ゆずの皮はせん切りにする。

つくり方

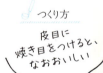
皮目に焼き目をつけると、なおおいしい

1 鍋にだし汁を入れて煮立て、酒とたいを加えて強火で煮る。

2 たいの表面の色が変わったら、大根を加えて3〜4分煮る。

ゆずの皮は器に盛ってからのせてもOk

3 大根に火が通ったら、みそを溶き入れる。火をとめて、ゆずの皮を散らす。

第4章 魚介が主役のおかずみそ汁

ねぎとしょうがの風味がさわやか
さばとねぎの香味みそ汁

調理時間 10分 / カロリー 225kcal

材料(2人分) 仙台みそ

さば缶(水煮)	1缶(190g)	ねぎ	1本
しょうが	½片	だし汁	400mℓ
みそ	小さじ4	セロリ	½本
		セロリの葉	適宜

下ごしらえ

セロリは筋をとり、横薄切りにする。セロリの葉はざく切りにする。しょうがはせん切りにする。ねぎは斜め薄切りにする。

つくり方

1 鍋にだし汁としょうがを入れて煮立て、セロリとねぎ、さば缶を汁ごと加えて1～2分煮る。

汁ごと全部入れよう

2 みそを溶き入れ、火をとめる。器に盛り、お好みでセロリの葉を散らす。

あさりとトマトのうま味がたっぷりのおいしい一椀

あさりと夏野菜のみそ汁

調理時間 15分　カロリー 58kcal

 材料(2人分)　淡色みそ

あさり	200g	トマト	1個(180g)
オクラ	4本	水	500mℓ
みそ	小さじ4		

 下ごしらえ

あさりは3%の塩水（分量外）につけて砂抜きし、貝と貝をこすり合わせて洗い、水気を切る。トマトはひと口大の乱切りにする。オクラはがくをくるりとむいて斜め2〜3等分に切る。

 つくり方

1. 鍋にあさりと水を入れて強めの中火にかけ、あさりの口が開いてきたら、トマトを加えて少し煮崩れる程度まで2分ほど煮る。

2. オクラを加えてみそを溶き入れ、ひと煮したら火をとめる。

ぶりのうま味にごま油の香ばしさがプラス

ぶりときざみ小松菜のごまみそ汁

材料(2人分) 仙台みそ

ぶり（切り身）	小松菜	½束
小2切れ(120g)	ごま油	小さじ1
塩・こしょう　少々	だし汁	500㎖
すり白ごま　大さじ2	みそ	大さじ1½

下ごしらえ

ぶりはキッチンペーパーに挟んで余分な水気をしっかりととり、塩、こしょうをまぶす。小松菜は1cm幅に切る。

つくり方

1. 鍋にごま油を中火で熱し、ぶりを並べ入れて焼き色がつくまで両面を焼く。

2. だし汁を入れ、煮立ったらふたをして弱火で3〜4分煮る。

3. 小松菜を加えて2〜3分煮て、すりごまを加える。みそを溶き入れて温まったら火をとめる。

調理時間 10分 / カロリー 119kcal

第4章 魚介が主役のおかずみそ汁

クレソンのほろ苦さがたいのうま味のアクセントに

たいの刺身とクレソンのみそ汁

  材料(2人分)　豆みそ

たいの刺身	100g	クレソン	2束
だし汁	500㎖	みそ	大さじ2

 下ごしらえ

クレソンは根元の固い部分を切り落とし、5㎝の長さに切る。

 つくり方

1　鍋にだし汁を入れて煮立たせて火をとめ、たいをしゃぶしゃぶの要領で一枚ずつ加える。

一度火をとめて入れよう

2　再び火をつけ、たいの色が変わったらみそを溶き入れ、クレソンを加えて火をとめる。

あっさり味のたらと香ばしい焼きねぎの相性が抜群

たらと焼きねぎの黒酢みそ汁

調理時間 15分 / カロリー 175kcal

材料(2人分) 豆みそ

生たら	2切れ(160g)	長ねぎ	1本
塩・こしょう	少々	ごま油	小さじ2
片栗粉	大さじ1	だし汁	500mℓ
みそ	大さじ2	黒酢	大さじ1

下ごしらえ

たらはキッチンペーパーに挟んで余分な水気をとり、2～3等分に切り、塩、こしょうをまぶして、片栗粉をまぶしつける。長ねぎは2～3cmの長さに切る。

つくり方

1. 鍋にごま油を熱し、たらの両面を焼く。空いたところに長ねぎを入れ、焼き色がつくまで転がしながら焼く。

2. だし汁を注ぎ入れ、煮立ったら1～2分煮てみそを溶き入れる。黒酢をまわし入れ、器に盛る。

第4章 魚介が主役のおかずみそ汁

火はさっと通してまぐろのレア感を楽しんで
まぐろと三つ葉のみそ汁

調理時間 10分 / カロリー 109kcal

材料(2人分) 豆みそ

まぐろ	1さく(120g)	三つ葉	1束
だし汁	400ml	みそ	大さじ2

下ごしらえ

まぐろは1cm幅に切る。三つ葉はざく切りにする。

つくり方

1. 鍋にだし汁を入れて煮立たせ、まぐろを加えてさっと煮る。アクが出たらすくいとる。

火を通しすぎないくらいがおいしい

2. みそを溶き入れ、三つ葉を加えて火をとめる。

えびの殻でだしをとるのがポイント
えびとかいわれ菜のみそ汁

調理時間 15分 / カロリー 118kcal

材料(2人分) 麦みそ

えび(殻つき)	大6尾	かいわれ菜	大1パック
ごま油	大さじ½	水	500ml
みそ	大さじ2		

下ごしらえ

えびは尾を残して殻をとり、背に切り込みを入れて背ワタをとる。えびの殻はとっておく。かいわれ菜は下を切り落とす。

つくり方

1 鍋にごま油とえびの殻を入れて炒め、殻の色が変わったら水を入れて煮立たせる。

殻からおいしいだしが出る

2 殻を網じゃくしなどですくいとる。えびを入れてひと煮し、みそを溶き入れる。

3 かいわれ菜を加え、温まったら火をとめる。

第4章 魚介が主役のおかずみそ汁

ぷりぷりクリーミーなかきが絶品

かきと春菊のみそ汁

調理時間 10分 / カロリー 106kcal

 材料(2人分) 豆みそ

かき	200g	春菊	½束
だし汁	500㎖	おろししょうが	小さじ1
みそ	大さじ1½〜2	一味唐辛子	適量

下ごしらえ

かきはさっと洗い、キッチンペーパーにとって水気をふく。春菊は葉を摘みとり、茎は細かく刻む。

つくり方

1 鍋にだし汁を入れて温め、煮立ったら春菊の茎を入れる。

2 かきとおろししょうがを加える。2〜3分煮てかきに火を通し、春菊の葉を加えてさっと煮る。

3 みそを溶き入れる。器に盛り、一味唐辛子をふる。

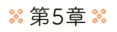

第5章
肉が主役の
おかずみそ汁

肉を具材にすると、だしが出るうえ、ボリューム満点のみそ汁になります。
牛肉、豚肉、鶏肉、どれもみそ汁に最適です。

牛肉のうま味が溶け出したコクのある一品
牛肉とセロリの赤だし

調理時間 15分 / カロリー 211kcal

第5章 肉が主役のおかずみそ汁

 材料(2人分) 豆みそ

牛切り落とし肉	120g	ごま油	小さじ1
だし汁	500mℓ	セロリ	1本
みそ	大さじ2	粉山椒	適宜

下ごしらえ

牛肉は細切りにする。セロリは筋をとってななめ薄切りにし、葉の柔らかい部分をざく切りにする。

つくり方

1. 鍋にごま油を熱して、牛肉を入れてほぐしながら炒める。肉の色が変わったら、だし汁を入れて強火で煮立てる。

2. アクをとり、セロリを加えてひと煮し、みそを溶き入れる。温まったら火をとめ、セロリの葉を入れる。

3. 器に盛り、お好みで粉山椒をふる。

うま辛の肉みそが白滝によく絡む
白滝の坦々みそ汁

調理時間 20分
カロリー 206kcal

第5章 肉が主役のおかずみそ汁

材料(2人分) 仙台みそ

豚ひき肉 …… 100g
しょうが(みじん切り) …… ½片
だし汁 …… 500㎖
豆苗 …… ½袋(60g)
ラー油 …… 適量
白滝 …… ½袋(120g)
ごま油 …… 小さじ1
【A】
┌ みそ …… 大さじ1⅔
│ みりん …… 小さじ1
└ すり白ごま …… 大さじ1

下ごしらえ

豆苗は半分の長さに切る。白滝はさっとゆでてざるにあげ、水気をしっかりと切る。【A】は混ぜておく。

つくり方

1　鍋にごま油としょうがを入れて火にかけ、香りが立ったら白滝を入れて水分を飛ばすように炒める。

2　豚肉を加えてほぐしながら炒め、肉の色が変わったらだし汁を入れて強火で煮立てる。

3　【A】と豆苗を加えてひと煮する。器に盛り、ラー油をたらす。

81

片栗粉のひと手間でささみがとってもジューシーに！
鶏ささみのとろみみそ汁

調理時間 15分
カロリー 177kcal

第5章 肉が主役のおかずみそ汁

 材料(2人分) 淡色みそ

下ごしらえ

鶏ささみはひと口大のそぎ切りにする。さつまいもはラップに包んで電子レンジで2分加熱し、1cmの輪切りにする。

鶏ささみ	2本	片栗粉	適量
だし汁	500ml	さつまいも	½本(120g)
みそ	大さじ1½	練りわさび	適量

つくり方

1 鶏ささみに片栗粉をまぶしつける。

2 鍋にだし汁とさつまいもを入れて強めの中火にかけ、煮立ったら*1*を1個ずつ入れて煮る。

4 器に盛り、練りわさびをのせる。

3 *2*の具材に火が通ったら、みそを溶き入れる。

ポリ袋で肉団子がらくらくつくれる！
肉団子とわかめの梅風味みそ汁

調理時間 20分
カロリー 192kcal

第5章 肉が主役のおかずみそ汁

材料(2人分) 仙台みそ

【肉団子】
- 豚ひき肉 …… 120g
- おろししょうが … 小さじ1
- しょうゆ …… 小さじ½
- 水・片栗粉 … 各小さじ2

- だし汁 …… 500ml
- みそ …… 大さじ1½
- 梅干し …… 大1個
- 豆苗 …… ½袋
- 乾燥わかめ …… 6g

下ごしらえ

豆苗は半分の長さに切る。梅干しは粗くちぎる。

つくり方

手やはしで形を整えながら

1. ポリ袋に【肉団子】の材料を入れて、袋の上からもみ込む。

2. 鍋にだし汁を入れて煮立てる。1のポリ袋の角を切り落とし、ひと口大にしぼり出して手で形を軽く整えながら鍋に落とし入れる。

すぐに火が通る豆苗やわかめは最後に入れて

3. 2が煮立ったらアクをとって4〜5分煮る。みそを溶き入れ、梅干し、豆苗、わかめを加えてさっと煮る。

みょうがとしそでさっぱり食べられる
みょうがの豚巻きみそ汁

調理時間 20分
カロリー 237kcal

第5章 肉が主役のおかずみそ汁

材料(2人分)

豚ロース薄切り肉	6枚	みょうが	3個
しその葉	3枚	ごま油	大さじ½
だし汁	500㎖	ズッキーニ	½本
みそ	大さじ2	いり白ごま	適量

下ごしらえ

ズッキーニは7〜8㎜厚さの半月切りにする。みょうがとしその葉は縦半分に切る。

つくり方

1 豚肉をまな板に広げ、しその葉とみょうがをのせる。手前からクルクルと巻き、ぎゅっと握って巻き終わりを安定させる。

巻き終わりから焼くとほどけない

2 鍋にごま油を熱し、*1*の巻き終わりを下にして入れ、転がしながら焼く。表面に焼き色がついたら、だし汁を入れて強火で煮立て、ズッキーニを加えて3〜4分煮る。

3 みそを溶き入れて温め、火をとめる。器に盛り、いり白ごまをふる。

やさしい味の鶏つくねがジューシー
鶏つくねとかぶのみそ汁

 調理時間 20分
 カロリー 174kcal

 材料(2人分) 淡色みそ

 下ごしらえ

かぶは皮をむいてくし形に切り、葉を細かく刻む。

【鶏つくね】
- 鶏ひき肉 ……… 120g
- 卵 ……………… 1/3個
- おろししょうが … 小さじ1
- みそ・片栗粉 … 各小さじ1

- かぶ(葉つき)…… 1〜2個
- だし汁 ………… 550ml
- みそ …………… 大さじ1½

つくり方

1 【鶏つくね】の材料をボウルに入れ、なめらかになるまでよく混ぜる。

スプーンを使うとやりやすい

2 鍋にだし汁を入れて強火で煮立て、ひと口大に丸めた*1*を入れて約5分煮る。

4 みそを溶き入れ、かぶの葉を散らしてひと煮する。

3 アクをとり、かぶを加えて、火が通るまで弱めの中火で2〜3分煮る。

豆乳が鶏肉をしっかりとマイルドに
鶏とごぼうの豆乳みそ汁

材料(2人分)

鶏もも肉	120g	ごぼう	1/2本(100g)
豆乳(無調整)	200mℓ	だし汁	300mℓ
白みそ	大さじ1	淡色みそ	小さじ4
青ねぎ	1本	七味唐辛子	適量

下ごしらえ

鶏もも肉はひと口大よりやや小さめに切る。ごぼうは縦半分に切ってから斜め薄切りにする。青ねぎは斜めざく切りにする。

つくり方

1 鍋にだし汁を煮立てて鶏肉を入れ、再び煮立ったらアクをとる。

アクはしっかりとろう

2 ごぼうを加え、煮立ったら弱めの中火で3〜4分煮る。

3 豆乳を加え、みそを溶き入れて青ねぎを加え、ひと煮して火をとめる。器に盛り、七味唐辛子をふる。

20分 150kcal

高菜の辛味が鶏のうま味のアクセントに

鶏手羽中と白菜の高菜みそ汁

鶏手羽中	4本	白菜	2枚
高菜漬(刻んだもの)	40g	ごま油	小さじ1
みそ	大さじ1½	水	500mℓ

鶏手羽は骨にそって切り込みを入れる。白菜は軸は4〜5cm長さの細切りに、葉はざく切りにする。

つくり方

1 鍋にごま油を中火で熱し、鶏手羽の皮を下にして焼く。焼き目がついたら高菜と白菜の軸を加えてさっと炒め、水を加えて煮る。

2 弱めの中火にしてふたをして約10分煮て、みそを溶き入れる。白菜の葉を加え、ひと煮する。

12分 170kcal

パクチー香るアジアンテイストの一品
豚しゃぶとレタスの エスニックみそ汁

材料(2人分) 豆みそ

豚ロースしゃぶしゃぶ肉 … 100g	レタス ……………… 4枚
パクチー ……………… 1枝	だし汁 …………… 500mℓ
ナンプラー …… 小さじ1	赤唐辛子(輪切り)
みそ ………… 小さじ4	½〜1本分

下ごしらえ

レタスはひと口大にちぎる。パクチーは葉を食べやすくつみ、茎を細かく刻む。

つくり方

1 鍋にだし汁とナンプラー、赤唐辛子、パクチーの茎を入れて強火にかける。ふつふつと煮立ってきたら、豚肉を1枚ずつ広げ入れる。

くっつかないように1枚ずつ入れて

2 豚肉の色が変わったら、レタスを加えて、しんなりするまで2〜3分煮る。

3 みそを溶き入れる。器に盛り、パクチーの葉をのせる。

第5章 肉が主役のおかずみそ汁

調理時間 15分 / カロリー 288kcal

牛乳と豚肉が合わさったコクうまスープ
とんこつ風みそ汁

材料(2人分) 麦みそ

豚こま切れ肉	120g
しょうゆ	小さじ½
だし汁	300㎖
みそ	大さじ2
ニラ	⅓束

ごま油	小さじ1
にんにく	1片
キャベツ	2枚
牛乳	200㎖

下ごしらえ

豚肉は大きければ半分に切り、しょうゆをもみ込む。
キャベツは3㎝四方に、ニラは3〜4㎝の長さに切る。
にんにくは薄切りにする。

つくり方

1 鍋にごま油を入れて熱し、豚肉をほぐしながら炒める。にんにくを加えて混ぜたら、だし汁を入れて煮立てる。

2 1のアクをとり、キャベツを加えて火が通るまで約5分煮る。

3 みそを溶き、牛乳、ニラを加えて、煮立てないように火を通す。

93

15分 276kcal

ねぎ油の香ばしさがいっぱいに広がる
豚肉ともやしの焦がしねぎ油みそ汁

材料(2人分) 豆みそ

豚バラ薄切り肉	80g
もやし	1/2袋(100g)
だし汁	500ml
みそ	大さじ2

【焦がしねぎ油】
長ねぎ	1/3本
ごま油	大さじ1
水菜	2株(70g)

下ごしらえ

豚肉はひと口大に切る。水菜はざく切りに、ねぎはみじん切りにする。もやしは、ひげ根をとっておく。

つくり方

1 鍋に豚肉をできるだけ重ならないように広げ入れ、弱火で焼く。脂が出て焼き色がついたら、もやしを加えてさっと炒める。

2 だし汁を入れ、煮立ったらみそを溶き入れる。水菜を加えてひと煮し、火をとめて器に盛る。

3 フライパンに【焦がしねぎ油】の材料を入れてこんがりするまで炒め、2にかける。

第5章 肉が主役のおかずみそ汁

調理時間 15分 / カロリー 204kcal

豚肉のうま味とキムチの辛味が相性◎

豚キムチみそ汁

 材料(2人分) 淡色みそ

豚こま切れ肉	100g
切り干し大根	15g
だし汁	600ml
ニラ	¼束

キムチ	60g
ごま油	小さじ1
みそ	小さじ4

下ごしらえ

豚肉は小さめに切る。キムチはざく切り、ニラは3〜4cmの長さに切る。切り干し大根はさっと洗い、長ければキッチンばさみで切る。

つくり方

1 鍋にごま油を熱し、豚肉とキムチを入れて炒める。

2 肉の色が変わってきたら、だし汁を注ぎ入れ、切り干し大根を加えて4〜5分煮る。

3 みそを溶き入れ、ニラを加えてひと煮する。

95

一杯で満足 お夜食みそ汁

麺やごはんも加えて、腹持ちもよくなる

ほうとうみそ汁

野菜の甘味で おなかも心も 落ち着く

材料（2人分） 淡色みそ

うどん（冷凍）	1玉
かぼちゃ	80g
にんじん	1/4本（40g）
ねぎ	1/2本
豚こま切れ肉	80g
ごま油	小さじ1
だし汁	600mℓ
みりん	小さじ2
みそ	大さじ1 2/3

つくり方

1. かぼちゃは食べやすい大きさに切り、にんじんは5mm幅のいちょう切りに、ねぎは斜め薄切りにする。豚肉は大きければ小さめに切る。うどんは電子レンジで2分加熱しておく。
2. 鍋にごま油を熱し、豚肉をほぐしながら炒める。色が変わったら、にんじんを加えて炒める。
3. だし汁を加えて中火にし、煮立ったらかぼちゃを加えて4～5分煮る。みりんを加えてみそを溶き入れ、うどんとねぎを加えてさらに煮込む。

せん切り大根と玉ねぎのパングラタンみそ汁

材料（2人分） 豆みそ

フランスパン（1cm厚）	2切れ
大根	6cm
玉ねぎ	1/4個
ベーコン	1枚
ピザ用チーズ	20g
バター	10g
水	200mℓ
コンソメスープの素	小さじ1/2
みそ	大さじ1
粗びきこしょう	適量

つくり方

1. 大根は4～5cm長さの細切りに、玉ねぎは薄切りにする。ベーコンは細切りにする。パンはピザ用チーズをのせてトースターで焼き色がつくまで焼いておく。
2. 鍋にバターとベーコン、玉ねぎを入れてさっと炒める。大根を加えてふたをし、蒸らしながら透き通るまで炒める。
3. 水を加え、コンソメスープの素を入れる。煮立ったらみそを溶き入れ、ふたをして弱火で7～8分煮込む。
4. 器に盛り、熱いうちに1のフランスパンをのせ、粗びきこしょうをふる。

盛った後、オーブントースターで焼いてもおいしい

水餃子と小松菜の中華風みそ汁

材料(2人分) 仙台みそ

水餃子	6個
小松菜	3〜4株
しいたけ	2枚
水	500ml
みそ	小さじ4
豆板醤	小さじ1
酢	小さじ1

つくり方

1. 小松菜は4〜5cm長さのざく切りに、しいたけは薄切りにする。
2. 鍋に水としいたけを入れて強火にかける。煮立ったら水餃子と小松菜を加え、火が通るまで4〜5分煮る。
3. みそと豆板醤を溶き入れ、温まったら火をとめて酢をまわし入れる。

市販の水餃子ですぐできる!

豆腐としらすのみそにゅう麺

材料(2人分) 淡色みそ

そうめん	2束(100g)
絹ごし豆腐	½丁(150g)
しらす干し	40g
だし汁	500ml
みそ	大さじ1
三つ葉	1束

つくり方

1. そうめんはたっぷりの湯(分量外)で少し硬めにゆで、水洗いしてざるにあげ、水気を切る。豆腐はさいの目に切る。三つ葉はざく切りにする。
2. 鍋にだし汁を入れて煮立たせる。豆腐を入れて再び煮立ってきたら、みそを溶き入れる。
3. そうめんとしらすを加えてひと煮し、三つ葉を入れて火をとめる。

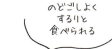
のどごしよくするりと食べられる

焼きおにぎりの薬味みそ汁

材料(2人分) 豆みそ

焼きおにぎり	2個
みょうが	2個
きゅうり	½本
しょうが	½片
しその葉	3枚
みそ	大さじ1
湯	50ml
麦茶	300ml
ちりめんじゃこ	15g

つくり方

1. みょうがときゅうりは5mm角に、しょうがはみじん切りにする。しその葉は粗くきざむ。焼きおにぎりは温めておく。
2. みそを湯で溶き、麦茶に加え混ぜる。
3. 焼きおにぎりを器に入れ、1とちりめんじゃこを混ぜてのせ、2をかける。

麦茶の代わりにだし汁でもOK

第6章
おもてなし向け ごちそうみそ汁

友人知人を招いての食事会や、記念日などの特別な日にふる舞いたいちょっと豪華なみそ汁を集めました。

頭ごと入れるからえびみその風味も豊か
有頭えびのみそ汁

材料(2人分) 〈淡色みそ〉

有頭えび	4尾	だし汁	400ml
酒	大さじ1½	みそ	大さじ2
あおさのり(乾燥)	2g	ねぎ	½本

下ごしらえ

えびは背ワタをとっておく。あおさのりはひたひた程度の水（分量外）につけて戻し、水気を軽くしぼっておく。ねぎは小口切りにする。

つくり方

1 鍋にだし汁と酒を入れて煮立て、えびを入れて1〜2分煮る。

2 みそを溶き入れ、あおさのりとねぎを加えてさらにひと煮する。

第6章 おもてなし向けごちそうみそ汁

魚介のだしがたっぷりしみ出た一椀。

アラ汁

仕上げに七味唐辛子をふってもおいしい

 調理時間 20分　 カロリー 272kcal

第6章　おもてなし向けごちそうみそ汁

 材料(2人分)　 淡色みそ

魚のアラ(塩ざけ、たい、たら、ワタリガニなど) … 400g	水 ……… 600mℓ
昆布 ……… 5cm	酒 ……… 50mℓ
にんじん … 1/3本(60g)	大根 … 1/5本(100g)
ほうれん草 ……… 1/3束	みそ ……… 大さじ2強

 下ごしらえ

大根は7〜8mm厚さのいちょう切りに、にんじんは7mm厚さの半月切りにする。ほうれん草はさっとゆでて水気をしぼり、3cmの長さに切る。

 つくり方

洗うことで魚の臭みがとれる

1 魚のアラは3〜4等分のぶつ切りにし、さっと湯（分量外）を回しかけて冷水（分量外）にとって、血合いやぬめりなどを洗い流し、キッチンペーパーで余分な水気をとる。

3 大根とにんじんを加え、弱めの中火で約10分煮る。みそを溶き入れ、ほうれん草を加えてひと煮する。

2 鍋に水と酒、昆布、アラを入れて強めの中火にかけ、煮立ったらアクをとり、昆布をとる。

野菜の彩り豊か。寒い冬のごちそうに

さけの酒粕汁

調理時間 25分 / カロリー 306kcal

 材料(2人分) 淡色みそ

塩ざけ(甘塩)	2切れ(160g)	酒粕	50g
油揚げ	½枚	ぬるま湯	100㎖
しいたけ	2枚	だし汁	500㎖
にんじん	¼本	大根	2cm
みそ	大さじ1½～2	みりん	小さじ1
		絹さや	4枚

下ごしらえ
さけは2～3等分のそぎ切りにする。大根は短冊切り、にんじんは飾り切りにする。しいたけは石づきをとって4等分に切る。酒粕は小さめにちぎってぬるま湯につけて柔らかくしておく。絹さやはさっとゆでて斜め半分に切る。油揚げは1cm角に切る。

つくり方

1 さけと油揚げは魚グリルで焼き目がつくまで焼く。

2 鍋にだし汁としいたけ、大根、にんじんを入れて火にかけ、煮立ったら*1*を加えてアクをとり、そのまま5分煮る。

4 器に盛り、絹さやを散らす。

3 酒粕を混ぜ加え、みりんを入れ、みそを溶き入れてさらに4～5分煮る。

しょうがとみそでくさみなし！　ふわふわの食感がたまらない

いわしのつみれ汁

調理時間 25分 / カロリー 253kcal

第6章 おもてなし向けごちそうみそ汁

材料(2人分) 仙台みそ

【いわしのつみれ】
- いわし ……… 3尾
- しょうが汁 … 小さじ1
- ねぎ ………… 3cm
- 長いも ……… 40g
- みそ ………… 小さじ1
- 片栗粉 ……… 大さじ1

- だし汁 ……… 550㎖
- にんじん …… 1/3本
- ごぼう ……… 1/3本(60g)
- みそ ………… 大さじ1と2/3
- 万能ねぎ …… 3本

下ごしらえ

ごぼうはささがき、にんじんは短冊切りにする。万能ねぎは小口切りにする。いわしは頭を切り落とし、手開きにしてワタと骨をとり除く。長いもは皮をむき、適当な大きさに切る。

つくり方

1 みそ、片栗粉以外の【いわしのつみれ】の材料をフードプロセッサーにかけて粗くミンチにする。みそと片栗粉を加え、再びフードプロセッサーでかく拌し、なめらかにする。

2 鍋にだし汁とにんじん、ごぼうを入れて煮立たせ、1をスプーンなどでひと口大にすくって加える。

3 つみれが浮いてきて、中まで火が通ったらアクをとり、みそを溶き入れてひと煮する。

4 器に盛り、万能ねぎをのせる。

野菜のうま味でやさしい味わいに
けんちん汁

調理時間 20分 / カロリー 183kcal

 材料(2人分) 淡色みそ

にんじん …… ¼本	大根 …… 60g
里いも …… 2個	ごま油 …… 大さじ½
だし汁 … 500〜600㎖	みりん …… 小さじ½
さやいんげん …… 4本	木綿豆腐 … ½丁(150g)
みそ …… 大さじ2	

下ごしらえ

にんじんは小さめの乱切りに、大根は5㎜厚さのいちょう切りにする。里いもは皮をむき、1㎝厚さの輪切りにする。さやいんげんは2㎝幅に切る。

 つくり方

1 鍋にごま油を熱し、にんじんと大根、里いもを中火で炒める。全体に油がまわったら、だし汁を入れる。

2 *1*が煮立ったらアクをとり、みりんを加え、ふたをして弱めの中火で7〜8分煮る。ふたをとり、さやいんげんを加えて1〜2分煮る。

3 具材に火が通ったら、豆腐をちぎって加え、みそを溶き入れてひと煮する。

じゃがいもを煮込む韓国料理をみそ汁に

カムジャタン風みそ汁

調理時間 20分 / カロリー 353kcal

材料(2人分) 豆みそ

牛こま切れ肉 ⋯ 120g
【A】
 しょうゆ・みそ ⋯ 各小さじ½
 おろしにんにく ⋯ 小さじ½
みりん ⋯ 小さじ1
ニラ ⋯ ½束
じゃがいも ⋯ 2個(300g)
ごま油 ⋯ 大さじ½
水 ⋯ 600㎖
玉ねぎ ⋯ ½個
みそ ⋯ 大さじ2
糸唐辛子 ⋯ 適量

下ごしらえ

じゃがいもは皮付きのまま1個ずつラップで包み、電子レンジで3分加熱し、温かいうちに4等分に切ってから、皮をむく。玉ねぎは薄いくし形に切る。牛肉は大きければ半分に切り、【A】をもみ込む。ニラは3〜4㎝の長さに切る。

つくり方

1 鍋にごま油を中火で熱し、牛肉を炒める。肉の色が変わってきたら、水とじゃがいも、玉ねぎを入れて強火で煮る。煮立ったら弱火にし、ふたをして約10分煮る。

3 器に盛り、糸唐辛子を添える。

2 みりんを入れ、みそを溶き入れる。ニラを加えてひと煮する。

しょうがの風味とトマトの酸味で後味すっきり

トマト豚汁

 材料(2人分) 仙台みそ

豚こま切れ肉	120g
ごま油	大さじ½
だし汁	500㎖
しょうゆ	小さじ1
長ねぎ	1本
トマト	1個(180g)
しょうが	½片
れんこん	80g
みそ	大さじ1½

下ごしらえ

豚肉は食べやすい大きさにする。トマトは6〜8等分のくし形に切る。れんこんは7㎜厚さの半月切りに、しょうがはせん切りに、長ねぎは斜め薄切りにする。

つくり方

1. 鍋にごま油としょうがを入れて火にかけ、香りが立ったら豚肉を入れ、ほぐしながら炒める。

2. 豚肉の色が変わったら、だし汁を入れてれんこんを加える。煮立ったらアクをとってしょうゆを加えて約5分煮る。

3. みそを溶き入れる。トマトと長ねぎを加え、トマトが少し煮崩れる程度になったら火をとめる。

調理時間 20分 / カロリー 256kcal

110

第6章 おもてなし向けごちそうみそ汁

調理時間 25分　237kcal

もち麦のぷちぷちとした食感が楽しい
みそ汁サムゲタン

材料(2人分)

鶏手羽中スペアリブ	8本	水	600㎖
塩・こしょう	少々	しょうが	1片
にんにく	1片	赤唐辛子	1本
長ねぎ	1本	もち麦	大さじ2(30g)
チンゲン菜	1株	みそ	大さじ2

下ごしらえ

鶏肉に塩とこしょうをもみ込む。にんにくは半分に、しょうがは薄切りにする。長ねぎは2〜3㎝長さのぶつ切りにする。チンゲン菜の茎は縦4等分に、葉はざく切りにする。

つくり方

1. 鍋に水と鶏肉、しょうが、にんにく、赤唐辛子を入れ、強めの中火にかける。煮立ったらアクをとり、長ねぎともち麦を入れ、ふたを少しずらして約10分煮込む。

2. チンゲン菜の茎を入れ、3〜4分煮る。みそを溶き入れ、チンゲン菜の葉を加えてさっと煮る。

チンゲン菜は根元を先に入れる

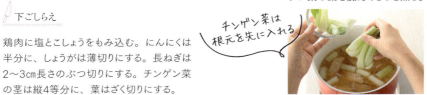

111

調理時間 20分 / カロリー 166kcal

甘味のあるトマトベースのスープがおいしい
みそ汁ブイヤベース

 材料(2人分) 仙台みそ

あさり	150g	生たら	1切れ(100g)
えび(殻付き)	4尾	オリーブ油	大さじ½
玉ねぎ	⅛個	トマト	1個(180g)
ウスターソース	大さじ½	水	500㎖
ブロッコリー	¼個(60g)	みそ	小さじ4

つくり方

1 鍋にオリーブ油と玉ねぎを入れて火にかけ、しんなりしたらトマトとウスターソースを入れて、煮崩れてとろっとするまで煮る。

トマトがとろとろになるまで煮よう

2 あさりと水を加えて、貝が開いたらアクをとる。えびとたら、ブロッコリーを加えて3〜4分煮て、みそを溶き入れる。

下ごしらえ

あさりは3％の塩水（分量外）につけて砂抜きし、殻をこすり合わせてよく洗う。たらはキッチンペーパーに挟んで余分な水気をとり、4等分に切る。えびは背ワタをとる。ブロッコリーは小房に分ける。トマトはざく切りに、玉ねぎは薄切りにする。

第6章 おもてなし向けごちそうみそ汁

調理時間 20分　カロリー 123kcal

下ごしらえで白子のくさみをとるのがポイント
白子のみそ汁

材料(2人分)

たらの白子	200g	だし汁	400mℓ
酒	大さじ1	みりん	小さじ1
みそ	大さじ2	塩	小さじ¼
三つ葉	1束	かんずり	適量

つくり方

1. 鍋にだし汁と酒、みりんを入れて煮立てる。白子を入れ、みそを溶かし入れ、塩を加える。

2. 三つ葉を加えて火をとめ、器に盛る。かんずりをのせる。

下ごしらえ

白子は塩(分量外)をさっとふり、ぬめりがなくなるまでそっと水洗いしてざるにあげ、湯をかけてすぐ捨てる。三つ葉は2〜3cm長さのざく切りにする。

第7章
スープみたいな洋風おかずみそ汁

ご飯よりもパンに合いそうな洋風みそ汁をご紹介。
具のセレクトがユニーク！ みそ汁の世界が広がります。

食べ応え十分！ 食が進むスパイシーな味
レンズ豆のカレー風味みそ汁

 材料(2人分) 麦みそ

レンズ豆(乾燥) —— 50g	オリーブ油 —— 小さじ1
玉ねぎ —— ¼個	セロリ —— ⅓本
カレー粉 —— 小さじ1	ソーセージ —— 4本
水 —— 600㎖	みそ —— 大さじ1½
ミニトマト —— 8個	

下ごしらえ

レンズ豆はさっと水で洗って水気を切る。玉ねぎとセロリは粗みじん切りにする。ミニトマトはくし形に切る。ソーセージは1㎝の輪切りにする。

つくり方

1 鍋にオリーブ油と玉ねぎセロリ、カレー粉、ソーセージを入れてふたをし、しんなりするまで炒める。

2 水とレンズ豆を加えて煮立てて、アクをとる。

3 みそを溶き入れてときどきかき混ぜながら、弱めの中火で約7〜8分煮る。

4 ミニトマトを加えて、さらに2〜3分ほど煮る。

野菜がたくさん食べられる、こっくり味のみそスープ
赤だしミネストローネ

調理時間
20分

カロリー
275 kcal

第7章 スープみたいな洋風おかずみそ汁

材料(2人分) 豆みそ

玉ねぎ	1/6個	にんじん	1/4本
トマト	1個(180g)	アスパラガス	2本
オリーブ油	大さじ1/2	豚こま切れ肉	80g
水	400ml	砂糖	小さじ1
ミックスビーンズ	100g	みそ	大さじ2
パルメザンチーズ	適量		

下ごしらえ

玉ねぎとにんじんは1cm角に、アスパラは下半分をピーラーでむいて1〜2cmの長さに切る。豚肉は小さめに刻む。

つくり方

1. 鍋にオリーブ油と玉ねぎを入れて火にかけ、つやが出たら豚肉とにんじんを加えてさっと炒める。豚肉の色が変わってきたら、ふたをして蒸らしながら炒める。

残ったトマトの皮は捨てて

2. 水を加え、トマトを鍋の上ですりおろしながら加え、砂糖を入れる。煮立ったらミックスビーンズを加え、ときどき混ぜながら7〜8分煮る。

3. みそを溶き入れ、アスパラを加える。火が通ったら器に盛り、パルメザンチーズをふる。

117

ミートボールが絶品！　マイルドなピリ辛味
ミートボールのミルクカレーみそ汁

第7章　スープみたいな洋風おかずみそ汁

【ミートボール】		オリーブ油	大さじ½
合いびき肉	150g	しめじ	小1パック(80g)
玉ねぎ(みじん切り)		カレー粉	小さじ2
	⅛個	水	300mℓ
粉チーズ	大さじ1	みそ	大さじ2
塩・こしょう	少々	牛乳	200mℓ
		ブロッコリー	⅓個

下ごしらえ　しめじは小房に分ける。ブロッコリーは小さめの小房に分ける。

つくり方

転がしすぎるとくずれちゃう！

1　ボウルに【ミートボール】の材料を入れて粘りが出るまでよく練り、直径2㎝程度に丸める。

2　鍋にオリーブ油を入れて熱し、1を入れてときどき転がしながら焼き、焼き目をつける。

3　しめじとカレー粉を入れてさっと炒め、水を注ぎ入れる。煮立ったらアクをとり、弱めの中火でふたをして約10分煮る。

4　強めの中火にし、みそを溶き入れ、牛乳を加える。ブロッコリーも加え、時々大きく混ぜながら、ブロッコリーに火が通るまで煮る。

とろーりとろけるチーズがクセになる
カマンベールチーズとブロッコリーのみそ汁

調理時間 15分 / カロリー 247kcal

材料(2人分)

カマンベールチーズ	½個	ブロッコリー	⅓個
白みそ	大さじ1	だし汁	500ml
ゆでえび	10尾(100g)	仙台みそ	大さじ½

下ごしらえ

カマンベールチーズはくし形に切る。ブロッコリーは小房に分ける。

つくり方

1. 鍋にだし汁を入れて煮立たせる。ブロッコリーを加えてひと煮し、みそを溶き入れる。

2. えびとカマンベールチーズを加え、温まったら火をとめる。

第7章 スープみたいな洋風おかずみそ汁

にんにくの風味が食欲を誘う
しらすとほうれん草の
ガーリックみそ汁

調理時間 10分　カロリー 114kcal

📦 材料(2人分)　麦みそ

しらす干し	40g	ほうれん草	1束
にんにく	1片	バター	10g
だし汁	400㎖	みそ	小さじ4

🔪 下ごしらえ

ほうれん草は3〜4cm長さのざく切りにし、さっとゆでて水気をしぼる。にんにくは薄切りにする。

🍳 つくり方

1. 鍋にバターとにんにくを入れて熱し、香りが立ったらだし汁を入れて煮立てる。

2. ほうれん草を加え、みそを溶き入れ、しらすを加えてひと煮する。

121

ブロッコリーを煮ながら崩して食感の残るポタージュに

卵豆腐とブロッコリーのくずしみそポタージュ

卵豆腐	1個(120g)	ブロッコリー	½個
水	200ml	コンソメスープの素	
牛乳	150ml		小さじ½
みそ	大さじ1½	塩・こしょう	少々
紫玉ねぎ	⅛個	セルフィーユ	適量

下ごしらえ

ブロッコリーは小房に分ける。紫玉ねぎはみじん切りにする。卵豆腐は2等分にする。

つくり方

1. 鍋に水とコンソメスープの素を入れて煮立て、ブロッコリーを加えて約10分煮る。やわらかくなったらおたまの背でブロッコリーを粗くくずす。

2. 牛乳を加えて温め、みそを溶き入れる。塩、こしょうで味を調え、卵豆腐を入れて温める。

3. 器に盛り、紫玉ねぎとセルフィーユをのせる。

15分 104kcal

噛めば噛むほどたこからうま味が……
たことズッキーニのみそ汁

材料(2人分) 仙台みそ

ゆでたこ（足）	100g	ズッキーニ	½本
ブラックオリーブ		だし汁	500㎖
（輪切り）	30g	みそ	大さじ1½

つくり方

1. 鍋にだし汁を入れて煮立て、ズッキーニとたこを加えて火が通るまで2〜3分煮る。

2. みそを溶き入れ、ブラックオリーブを加えてひと煮する。

下ごしらえ

たこは薄いそぎ切りにする。ズッキーニは短冊切りにする。

第7章 スープみたいな洋風おかずみそ汁

さば缶の汁まで入れて、うま味たっぷりの一品に

さば缶の トマトみそスープ

調理時間 10分 / カロリー 223kcal

 材料(2人分) 仙台みそ

さば缶(水煮)	1缶(190g)	トマト	大1個
おろししょうが	1片分	水	400㎖
しその葉	4枚	みそ	小さじ4

 下ごしらえ

トマトはざく切りにする。しその葉は大きめにちぎる。

 つくり方

1 鍋にさば缶の汁と水、おろししょうがを入れて煮立て、さばの身とトマトを加えて3〜4分煮る。

2 みそを溶き入れて、温まったら火をとめる。

3 器に盛り、しその葉を散らす。

第7章 スープみたいな洋風おかずみそ汁

火の通ったアボカドがとろとろでおいしい
アボカドとじゃがいもの とろみみそ汁

調理時間 15分 / カロリー 240kcal

 材料(2人分) 麦みそ

アボカド	1個
だし汁	500ml
しょうゆ	小さじ1
桜えび(乾燥)	8g

じゃがいも	小1個(130g)
玉ねぎ	1/2個
みそ	大さじ1 1/2

下ごしらえ

アボカドは1cm角に切る。玉ねぎは薄切りにする。じゃがいもは皮をむく。

  つくり方

1 鍋にだし汁、しょうゆ、玉ねぎを入れ、中火にかける。煮立ってきたら、じゃがいもをすりおろしながら加え、ときどきかき混ぜながら4〜5分煮る。

鍋の上でやるとらくちん！

2 桜えびとアボカドを加えてみそを溶き入れ、2〜3分煮る。

15分 / 124kcal

野菜とベーコン、2つの食感が楽しめる

角切り野菜と
カリカリベーコンの赤だし

 材料(2人分) 豆みそ

赤パプリカ	½個	ホールコーン	大さじ2
ズッキーニ	⅓本	ベーコン	1枚
オリーブ油	小さじ1	だし汁	500㎖
みそ	大さじ2	バジルの葉	適量

 下ごしらえ

パプリカとズッキーニは7〜8㎝角に切る。ベーコンは4等分に切る。バジルの葉はちぎる。

つくり方

1 鍋にオリーブ油を熱し、ベーコンを入れる。カリカリになるまで弱火で焼き、一度とり出す。

2 1の鍋にだし汁を注ぎ入れパプリカ、ズッキーニ、コーンを入れて4〜5分煮る。

3 みそを溶き入れ、温まったら1を加えて火をとめる。

4 器に盛り、バジルの葉を散らす。

第7章 スープみたいな洋風おかずみそ汁

調理時間 12分 / カロリー 121kcal

2種類のチーズでコクのある一品に

もやしとキャベツのチーズみそ汁

 材料(2人分) 淡色みそ

もやし	½袋(100g)	キャベツ	2枚
ピザ用チーズ	30g	パルメザンチーズ	大さじ1
だし汁	500mℓ		
みそ	大さじ1½		

 下ごしらえ

キャベツは1cm幅の細切りにする。

つくり方

1. 鍋にだし汁を入れて熱し、煮立ったら、もやしとキャベツを入れて4〜5分煮る。

2. みそを溶き入れ、ピザチーズを加えてチーズが溶けたら火をとめる。

3. 器に盛り、パルメザンチーズをふる。

著者 金丸絵里加 Erika kanamaru

管理栄養士・料理研究家・フードコーディネーター。女子栄養大学の講師を務める他、飲食店のメニュー開発などに携わる。誰もが家庭でおいしく健康管理ができるような料理を提案する。著書に『スープジャーで作るすてきなヘルシーランチ』『おにぎらずアイデア帳』『野菜玉ですごい簡単うちごはん』などがある。

Staff
撮影 ❀ 高橋宣仁（ヒゲ企画）
デザイン ❀ 五十嵐好明（LUNATIC）

具たっぷりの おかずみそ汁

2018年9月21日　初版発行
2018年11月15日　第2刷発行

印刷・製本　株式会社ウイル・コーポレーション

発行者　近藤和弘
発行所　東京書店株式会社
　　　　〒101-0051
　　　　東京都千代田区神田神保町2-40-7
　　　　友輪ビル4F
　　　　TEL：03-5212-4100
　　　　FAX：03-5212-4102
　　　　URL：http://www.tokyoshoten.net

ISBN 978-4-88574-577-5　C2077
ⒸErika Kanamaru 2018　Printed in Japan

※乱丁本・落丁本はお取り替えいたします。
※無断での転載・複写・コピー・翻訳を禁じます。